Zum Glück bin ich hochsensibel

Wie Sie Ihre Hochsensibilität anerkennen, verstehen und sogar zu Ihrem Vorteil nutzen - inkl. der besten Tipps zum effektiven Stressabbau

Miriam Hummels

INHALT

Das erwartet Sie in diesem Buch

Sind Sie oft gestresst? Haben Sie Ängste und Sorgen, von denen andere Menschen nichts verstehen? Sehen Sie Dinge, die sonst niemand sieht, oder hören Sie Dinge, die kein anderer hört? Sind Sie vielleicht hochsensibel?

Ja, das Konzept der Hochsensibilität gibt es tatsächlich. Und nein, es bedeutet nicht, dass jemand weniger gut mit Stress umgehen bzw. diesen aushalten kann. Ganz im Gegenteil: Hochsensible Personen, wie betroffene Personen genannt werden, können in den meisten Fällen sogar mehr Stress ertragen und besser mit ihren Ängsten umgehen, als dies der normal sensible Mensch kann. Da ihre Sinnesorgane feinfühliger arbeiten, sind Betroffene „nur" viel mehr Reizen ausgesetzt und verarbeiten diese so intensiv, dass sie damit schnell überfordert sind. Wenn Sie oft gestresst sind und gar nicht wissen, wodurch dieser Zustand ausgelöst wird, dann kann es sein, dass auch Sie hochsensibel sind. Aber keine Panik, das ist nicht so schlimm. Um ehrlich zu sein sind Sie sogar zu beneiden. Denn die Erfahrungen, die eine hochsensible Person machen kann, sind unvergleichbar schön, wenn diese gelernt hat, mit den kleinen Teufelchen, die die Hochsensibilität mit sich bringt, umzugehen. Stress, negative Emotionen, angelerntes Fehlverhalten und Fehldeutung der eigenen Wahrnehmung sind nur einige dieser kleinen Teufelchen, mit denen sich ein jeder Mensch und vor allem hochsensible Personen auseinandersetzen müssen, um die Kontrolle über das eigene Selbst zu erlangen.

In diesem Buch erfahren Sie, was Hochsensibilität (kurz HS) ist und was es mit der Reizreaktion Stress auf sich hat. Sie werden Tipps erhalten, wie

Sie sich in einer stressigen Situation mit einfachen Mitteln Abhilfe schaffen können. Außerdem werden Sie erfahren, mit welchen Techniken Sie sich auf Dauer gut vorbereiten und entspannen können. Außerdem lesen Sie in einer kurzen Geschichte, wie es Kindern mit HS ergeht und wie Eltern damit umgehen können. Am Schluss erfahren Sie noch ein paar Erfahrungsberichte von Betroffenen, die mit Ihrer HS meistens gut zurechtkommen.

Was ist „Hochsensibilität"?

Der Begriff „Hochsensibilität" leitet sich von der englischen Bezeichnung „sensory-processing sensitivity" ab. Diese Bezeichnung wurde von Dr. Elaine Aron, einer amerikanischen Psychologin und einer Pionierin in diesem Bereich, 1996/1997 in ihrem Buch „The Highly Sensitive Person" geprägt. Im deutschsprachigen Raum haben sich die Begriffe „Hochsensibilität", „Hochsensible Persönlichkeit", „Hochsensible Person" und die Kurzform „HSP" durchgesetzt. Ferner hört und liest man auch Begriffe wie „Hypersensibilität" und

„Hypersensitivität". Schon zu Beginn ihrer Forschung vermutete und beobachtete Dr. Aron, dass circa 15 % bis 20 % aller US-Bürger hochsensibel und damit empfindsamer als der Durchschnitt der Bevölkerung sind. Studien weiterer Forscher, die an die Arbeit von Dr. Aron anknüpften, bestätigten diese Vermutungen in den darauffolgenden Jahren. Zudem zeigte sich, dass sich der Wert von 15 % bis 20 % nicht nur auf die USA beschränkte, sondern dass dieser auch bei Personen auf anderen Kontinenten ermittelt werden konnte. Und nicht nur das – auch bei ca. 100 getesteten Tierarten konnte eine hochsensible Verhaltensweise festgestellt werden.

Nachfolgende Studien erhoben einen höheren Wert und unterteilen die Sensibilität anhand des jeweiligen prozentualen Vorkommens in drei Stufen.

Stufe 1: Hochsensible Personen mit ca. 31 %
Stufe 2: Normal sensible Personen mit ca. 40 %
Stufe 3: Weniger sensible Person mit ca. 29 %

Aber was ist denn nun eigentlich „Hochsensibilität"? Hochsensibilität beschreibt die Eigenschaft einer Person, die Reize ihrer Umwelt stärker wahrzu–

nehmen als eine weniger sensible Person. Der Begriff „Reiz(e)" beinhaltet in diesem Zusammenhang alles, was eine Person mit ihren Sinnen wahrnehmen, also hören, sehen, riechen, schmecken und fühlen kann. Am weitesten verbreitet sind diesbezüglich vermutlich die Einflüsse auf Gehör- und Geruchssinn. Diplompsychologin Sandra Konrad von der Helmut-Schmidt-Universität/ Universität der Bundeswehr Hamburg betonte in einem Interview, dass Hochsensibilität auf keinen Fall eine psychische Störung und erst recht keine Krankheit sei. Sie erwähnte weiterhin, dass es vier mehr oder weniger eindeutige Indikatoren für Hochsensibilität gäbe.

Ihrer Meinung nach haben hochsensible Personen eine deutlich höhere Ansprechbarkeit auf psychische und sensorische Reize, außerdem besitzen sie eine stärkere und tiefere Verarbeitung von Informationen und sind häufig sehr introvertiert und zurückhaltend in ihrem Verhalten. Dementsprechend wirken auch jegliche Emotionen (beispielsweise Trauer, Angst und Verzweiflung, aber auch Freude, Liebe und Empathie) stärker auf die Betroffenen ein. Viele hochsensible Menschen sind zudem seelisch vorbelastet, was auf eine geringere Wertschätzung, die sie durch andere Personen in der Kindheit oder den jungen Lebensjahren erfahren haben, zurückzuführen ist. Diese Geringschätzung wiederum führt mitunter zu einer negativen Selbsteinschätzung der eigenen Person. Menschen mit einer hochsensiblen Persönlichkeit sind meistens sehr empathisch und helfen anderen, wenn sie können. Ein solches Verhalten erhöht auch bei den meisten Betroffenen die Erwartungen an andere weniger sensible Personen, die diese Hoffnungen aber nicht selten unerfüllt lassen, weil sie die Verhältnisse eben anders beurteilen.

Dabei ist Hochsensibilität tatsächlich nicht als eine Krankheit oder Störung zu verstehen. Im Falle der HSP ist es nicht so, dass man es sofort erkennt, wenn man davon betroffen ist. Vielmehr fällt irgendwann im Alltag auf, dass man weniger belastbar zu sein scheint als andere Menschen. Dinge wie Baulärm am Arbeitsplatz, intensives Sonnenlicht während der Autofahrt oder der starke Chemiegeruch in einem Krankenhaus scheinen an den Mitmenschen beinahe unbemerkt vorbei zu gehen, während sich eine HSP intensiver damit auseinandersetzen muss, um die eingehenden Informationen im Gehirn angemessen sortieren, verarbeiten und verstehen zu können. Dadurch sind Betroffene über kurz oder lang viel mehr Stress ausgesetzt – ein Zustand, der dann durchaus Krankheiten hervorrufen kann. Bei vielen HSP ist zudem eines der Sinnesorgane minimal stärker ausgeprägt, also „anfälliger" für den jeweiligen Input. In manchen Fällen kann dies auch auf mehrere Sinnesorgane zutreffen.

Zum Beispiel vernehmen viele betroffene Menschen Geräusche stärker oder lauter, während wieder andere Personen einen viel feineren Geruchssinn haben. Ob diese geschärften Sinne tatsächlich vorhanden sind und im weitesten Sinn auch etwas mit der Hochsensibilität zu tun haben, konnte bisher noch niemand nachweisen. Fakt ist, dass hochsensible Personen ihre Umwelt stärker wahrnehmen. Dieser Umstand kann viel Stress und Unbehagen auslösen, es kann aber auch das Großartigste auf der ganzen Welt sein.

„Den inneren Schweinehund apportieren zu lassen, ist viel einfacher, wenn man seinen Namen kennt." –Hochsensible Person

Betroffene, die gelernt haben, mit der Hochsensibilität zurechtzukommen, nachdem sie sich selbst damit identifizieren können, berichten von einem vollkommen anderen, neuen und viel entspannterem Leben. Für sie ist jeder einzelne Sonnenaufgang ein Wunder, jeder kleine Bach ein Füllhorn an Schönheit und jede gute Erfahrung mit anderen Menschen, der Inbegriff des Daseins.

Die Einordnung als HSP geschieht ausschließlich aus der Eigendiagnose heraus. Eine Person stuft sich sozusagen selbst als HSP ein. Zur kleinen Hilfestellung gibt es an verschiedenen Stellen, zum Beispiel im Internet, einen Test, der von Dr. Aron zur Selbstdiagnose entworfen und veröffentlicht wurde. Auch viele abgewandelte, inhaltlich aber meist ähnliche Tests mit der gleichen Aussagekraft findet man überall. Diese Tests sind nur als Hilfestellung zu sehen und deren Verlässlichkeit wird oft infrage gestellt. Leider gibt es bis heute keine andere Möglichkeit, eine HSP zu diagnostizieren. Wie bereits mehrfach erwähnt wurde, ist die Hochsensibilität anders als etwa die Borderline- Persönlichkeitsstörung oder das Burn-out-Syndrom keine Krankheit bzw. Störung. Auch wenn einige wenige Wissenschaftler die Existenz der HSP lediglich als Nebenerscheinung anderer Erkrankungen (beispielsweise des Burnout-Syndroms) betiteln. Was Sie persönlich davon halten, bleibt Ihnen selbst überlassen. Aber ein jeder, der die Auswirkungen von Hochsensibilität kennt, wird wissen, dass sich die Wissenschaftler an dieser Stelle irren.

Hochsensibilität hat viele Seiten und ist weder schwarz noch weiß. Sie unterteilt sich in viele Graustufen, was eine sichere Diagnose noch viel schwieriger macht. Aus diesem Grund existieren auch unglaublich viele verschiedene Ansätze und Versuche, dieses Phänomen erklären zu wollen.

Doch ganz gleich, was andere davon halten - für Sie als betroffene HSP oder als Angehörige/r einer HSP ist es immens wichtig, sich der Sache anzunehmen. In diesem Fall meine ich mit „Sache" Sie selbst. Nehmen Sie Ihre Gedanken und Handlungen selbst in die Hand, lassen Sie sich darauf ein, sich zu verändern und profitieren Sie in Zukunft von beinahe unerschöpflicher Energie.

Das mag wie ein billiger Werbespot im Nachtprogramm klingen, ist aber vollkommen ernst gemeint.

In weiteren Kapiteln werde ich näher beschreiben, welche Techniken erfahrungsgemäß gut funktionieren und mit welchen Tricks Sie Ihren Standard-Stresslevel dauerhaft senken, um sich für diese lohnende Aufgabe zu wappnen und auch im Notfall etwas unternehmen zu können.

Denn des sensiblen Menschen größte Schwäche ist der Stress. Ganz sicher haben Sie oder Ihre Angehörigen schon selbst die Begegnung mit einem Stressfaktor gemacht, der Sie beinahe wahnsinnig gemacht hätte. In so einem Fall ist es fundamental zu wissen, was Stress überhaupt ist, wie er entsteht und funktioniert, warum wir Stress empfinden und was man letztendlich dagegen tun kann.

Das leidige Thema mit dem Stress

Weshalb befassen wir uns mit dem Thema Stress? Nun – diese Frage ist leicht zu beantworten, denn die meisten Auswirkungen, die eine hochsensible Person durch ihre erhöhte Reizaufnahme und ihre tiefere Reizverarbeitung erleidet, sind mit Stress verbunden. Wenn eine HSP zu viele Eindrücke aus ihrer Umwelt wahrnehmen und verarbeiten muss, dann löst das eine enorme Stressbelastung aus. Zum Vergleich: Schon bei einem normal sensiblen Menschen steigt das Stresslevel bei der Verarbeitung äußerer Reize an. Da Hochsensible aber üblicherweise viel mehr dieser Reize wahrnehmen und deren Verarbeitung auch mehr Energie kostet, sind sie auch dementsprechend schneller an der normalen Stressgrenze angelangt.

Aber was ist Stress eigentlich? Es ist ein ziemlich komplizierter chemischer und neuronaler Vorgang, der sowohl psychische als auch physische Auswirkungen hat, wenn einer oder auch mehrere unserer Sinne extreme Reize aus der Umwelt wahrnehmen. Das bedeutet, dass sich zu viel Stress sowohl geistig als auch körperlich äußert.

Der evolutionäre Grund, weshalb Stress bei uns Menschen überhaupt auftritt, ist leicht erklärt. In grauer Vorzeit, als die ersten Menschen noch in Höhlen lebten und durch die immer drohende Gefahr von Säbelzahntigerangriffen um Leib und Leben fürchten mussten, war es überlebenswichtig, schnell und fokussiert handeln zu können. Wenn der Urmensch also Gefahr verspürte, stieg seine innere Anspannung. Und damit er sich im Notfall nicht erst fragen musste, ob der schnell auf ihn zukommende gelbe Fleck auch wirklich eine Gefahr darstellte, wurde er sensibler für diese Art der Erfahrungen. Diese urzeitlichen Instinkte sind auch heute noch fest in uns verankert und der Grund dafür, warum unser Körper dementsprechend angespannt auf bestimmte Sinneseindrücke aus unserer unmittelbaren Umwelt reagiert. Grelles Licht, laute Geräusche, starker Geruch oder Schmerzen sind nur einige wenige Beispiele für Umwelteinflüsse, die eine solche Reaktion auslösen können.

Wissenschaftler sprechen in diesem Zusammenhang vom Fight-or-Flight-Prinzip (zu Deutsch: Kampf-oder-Flucht-Prinzip). Unser „innerer Urmensch" spielt also nicht erst sämtliche ihm zur Verfügung stehende Möglichkeiten im Kopf durch, um sich dann für die beste entscheiden zu können. Ganz im Gegenteil – das Gehirn prüft und wählt im Eilverfahren die vielversprechendste Option aus einer Palette bereits erfahrener, funktionierender Möglichkeiten und entscheidet sich dann im übertragenden Sinne beispielsweise für Kampf oder Flucht.

In diesen Situationen schaltet der Körper plötzlich um und das Gehirn befindet sich im Reaktionsmodus. Ist dies der Fall, wird eine Entscheidung von uns weniger durchdacht und es wird bevorzugt auf

altbewährte, funktionierende Abläufe in den Hirn-
strängen zurückgegriffen. Diese instinktive Vorge-
hensweise befähigte bereits in der Urzeit das poten-
zielle Säbelzahntigerfrühstück, also unseren Urmen-
schen, dazu, schneller zu reagieren.

Allerdings werden kompliziertere und unge-
wohnte Abläufe vom Gehirn schwerer verarbeitet,
da es sich in einer Art Ausnahmezustand befindet.
Wir kennen das von uns selbst, beispielsweise wenn
wir im Arbeits- oder Lernstress sind und dann plötzlich etwas ganz anderes machen sollen. Wenn die
Anforderungen, die an uns gestellt werden, in solchen Phasen immer weiterwachsen oder gar ständig
wechseln, wissen wir bald nicht mehr, wo uns der
Kopf steht.

Die Umwelt wird abgesehen von den wichtigs-
ten Aspekten ausgeblendet und man wird fokussier-
ter. Dies war schon bei unseren Vorfahren, den Menschen in der Steinzeit, so: Auch sie dürfte es damals
bei ihrer Flucht vor dem Säbelzahntiger herzlich wenig interessiert haben, wie schön doch der Baum
aussah, an dem sie gerade vorbeirannten. Dieses
Verhaltensmuster hat sich über Tausende von Jahren in allen komplexen Lebewesen festgesetzt und

ist auch im modernen Menschen immer noch vorhanden. Die soeben erwähnte Fokussierung kann aber gerade heutzutage, wo Stress nicht unbedingt gleich eine Gefahr für das Leben bedeutet, auch sehr gut genutzt werden, um sich zum Beispiel voll und ganz auf ein Projekt bei der Arbeit zu konzentrieren oder sich beim Lernen nicht stören zu lassen.

Wissenschaftler unterscheiden zwei Arten von Stressreaktionen: die kontrollierbare und die unkontrollierbare Stressreaktion. Sie unterscheiden sich sowohl in ihrer Häufigkeit als auch in der Belastung, die sie letztendlich darstellen.

Betrachten wir zunächst die sogenannte kontrollierbare Stressreaktion. Diese tritt sehr häufig auf und begegnet uns beinahe täglich. Diese Art der Stressreaktion ist meist nur von zeitlich begrenzter Dauer. Anhand unserer bisherigen Erfahrungen können wir bereits abschätzen, dass diese herausfordernde und stressige Situation, die uns aktuell beschäftigt, ein baldiges Ende finden wird und in absehbarer Zeit vorbei ist. Wir bekommen eine kontrollierbare Stressreaktion, wenn wir beispielsweise für eine Prüfung lernen, mit dem Nachbarn lauthals einen Streit austragen oder wenn wir mal wieder völlig in Arbeit und Haushalt versinken. Der Puls schlägt schneller und damit erhöht sich auch die Geschwindigkeit der Atmung. Wenn dieser Zustand länger anhält, kann es durchaus vorkommen, dass auch das Hungergefühl vermindert wird und Schlafstörungen auftreten. Und auch die Kreativität kann unter Umständen darunter leiden. Das Gehirn versucht, die in der Vergangenheit am meisten genutzten Nervenbahnen anzuregen. Dies geschieht allerdings in einem wesentlich schnelleren Tempo als es im Alltag ansonsten der Fall ist.

Anhand dieses Prinzips greifen wir dann auf altbekannte Abläufe zurück, werden aber anfälliger für Fehler. Andere Dinge verlieren an Wichtigkeit und der vorhin bereits genannte Fokus stellt sich ein. Im Volksmund wird dies auch als „Tunnelblick" bezeichnet und manche Menschen fühlen sich „wie in einer Blase". Nach einer gewissen Zeit, wenn der Höhepunkt überstanden ist, normalisiert sich alles wieder, die starke Fokussierung nimmt ab und die körperliche Belastung verringert sich langsam, aber sicher. Dieser Stressreaktion sollte ein gesunder Mensch im Allgemeinen gewachsen sein und sie ohne größere Schäden überstehen.

Die andere bereits angesprochene Art, die in diesem Zusammenhang existiert, nennt sich „die unkontrollierbare Stressreaktion". Bei dieser Reaktion sprechen wir anders als bei der kontrollierbaren Stressreaktion durchaus von schädlichem Stress. Die Belastung für Körper und Geist ist ungleich höher und vor allem lang anhaltend. Dies kann zum Beispiel bei fortwährenden Beziehungsproblemen, chronischen Schmerzen oder auch einigen Phobien der Fall sein. Das Gehirn wird versuchen, die Situation wie gewohnt durch schnelleres und fokussiertes Arbeiten zu überstehen, doch im Gegensatz zur kontrollierbaren Stressreaktion kommt es in diesem Fall nicht zum Stressabbau.

Der Reiz bleibt dauerhaft bestehen. In diesem Zusammenhang kommen dann auch Emotionen ins Spiel, die uns mitteilen wollen, dass etwas nicht stimmt. Der Betroffene fühlt sich machtlos, verzweifelt, einsam, hilflos und überfordert. Da das Gehirn nun nicht mehr weiter weiß, holt es ein Ass aus seinem Ärmel: Durch die Ausschüttung zusätzlicher Botenstoffe versucht es nicht mehr hilfreiche Verbindungen der Nervenstränge wieder aufzulösen und neue, hilfreichere Nervenstränge zu konstru–

ieren. Dabei können sogar kleine, aber nicht dauerhafte Folgen wie Gedächtnisstörungen und Wortverwechselungen auftreten. Das positive daran ist: Wir werden viel offener für neue Dinge, und das in allen Lebensbereichen. Dies ermöglicht uns, unsere festgefahrenen Ansichten aus anderen Blickwinkeln zu betrachten und lässt uns auch völlig neue Verhaltensmuster leichter erlernen. Das Leben lässt sich an diesem Punkt sehr gut neu strukturieren.

„...und während wir noch verwirrt und verzweifelt an unserem Selbstmitleid feilen, bahnen sich im Gehirn bereits neue Wege und neue Türen öffnen sich." -Hochsensible Person

ABER: Eine kleine Warnung! Sie sollten sich jetzt auf keinen Fall einfach so einem hohen Maß an Stress aussetzen und hoffen, dass das Gehirn schon seine Arbeit machen wird. Der Prozess der Veränderung muss nicht unbedingt stattfinden und es muss auch nicht besser werden. Außerdem sind die Schäden, die Stressreaktionen in Geist und Körper hinterlassen können, sehr ungesund und manchmal sogar lebensbedrohlich. Es gibt weitaus bessere Methoden, um Dinge zu lernen und sich langfristig zu verändern. Für hochsensible Personen kann Stress also ganz besonders gefährlich werden, da Betroffene diesem häufig stärker ausgesetzt sind als normal sensible Personen. Deshalb lohnt es sich auch, sich mit dem Thema Stress zu befassen und herauszufinden, welche individuellen Situationen im eigenen Leben auftreten können. Sicherlich kennen auch Sie ganz besondere Situationen, in denen sie sehr vielen Reizen ausgesetzt sind. Umso wichtiger, dass Sie wissen, was Sie in solch einer Situation tun und wie Sie sich darauf vorbereiten können.

Der „Erste-Hilfe-Koffer"

Hochsensibilität kann unter Umständen enormen Stress im Körper auslösen. Zu den Symptomen gehören Herzrasen, Kopfschmerzen sowie eine abgesenkte Reiz- und Hemmschwelle. Damit Sie nicht unter den Auswirkungen leiden müssen, sollten Sie sich also schon vorab gut vorbereiten. Sowohl im Alltag als auch bei besonderen Anlässen empfiehlt es sich daher, dass Sie stets mit Ihrem „Erste-Hilfe-Koffer" im Gepäck reisen und auch wissen, wie Sie ihn einsetzen können. Das bedeutet im Klartext, dass Sie sich einige Techniken, mit denen Sie in einer besonders stressigen Situation Ihren Stresslevel mildern können, vorbereiten und gegebenenfalls einstudieren.

In diesem Zusammenhang gibt es sehr viele unterschiedliche Techniken. Vom einfachen „Fingertippen" über „Atemkontrolle" bis hin zum „sich selbst gut zureden" kann Ihnen alles dabei helfen, eine schwierige Situation zu meistern.

Im Folgenden möchte ich Ihnen einige Techniken vorstellen.

DAS „FINGERTIPPEN"

Das Fingertippen ist eine sehr einfache, aber eher moderate Hilfestellung. Diese Technik ist ganz leicht zu erlernen und sehr unauffällig einsetzbar.

Im Grunde ist es nichts weiter, als mit den Fingerspitzen auf den Daumen, die Handinnenfläche oder die Schenkel zu tippen. Auch auf Oberflächen wie Tischplatten lässt es sich gut tippen. Der Trick besteht darin, sich ein bestimmtes Klopfmuster, eine Melodie oder einen Rhythmus einzuprägen. Im Stressfall, vor allem wenn viele unerwünschte Eindrücke auf Sie einprasseln, soll diese Technik dazu führen, dass sich das Gehirn nur auf eine einzige vertraute Sache konzentriert, nämlich auf den Rhythmus oder die Abfolge. Auf diese Weise können Sie ganz leicht und unauffällig versuchen, störende Reize auszublenden.

Zugegeben – diese Methode hat vielleicht nicht die beste Aussicht auf Erfolg, aber sie kostet dafür nichts. Niemand wird bemerken, dass Sie gerade versuchen, Ihren Stresslevel zu senken. Daher ist sie eine gute Ergänzung zu anderen Praktiken.

DIE „ATEMKONTROLLE"

Die Atemkontrolle ist eine sehr gute Technik, um sich selbst zu beruhigen, den Blutdruck zu senken und innere Panik zu vermeiden. Im Grunde geht es nur um Konzentration und darum, sich seines Körpers und ganz besonders der lebenswichtigen Atmung bewusst zu werden. Bei dieser Technik studieren Sie einen Atemablauf ein, den Sie jedoch ganz persönlich für sich selbst finden müssen. Denn im Stressfall ist es gar nicht so leicht, sich an Dinge zu erinnern, die man nur mal irgendwo gelesen hat. Vielmehr setzen der Körper und das Gehirn nur Abläufe ein, mit denen wir bereits vertraut sind und die wir oft und erfolgreich wiederholt haben.

Viele Menschen (vielleicht ja auch Sie selbst?), die sich in einer überfordernden Situation befinden, stoßen mit aufgeblähten Wangen Luft aus. Dies ist ein Beispiel dafür, wie der Körper ganz von selbst die wichtigen Abläufe zur Regulation der Blut- und Sauerstoffzufuhr zum Gehirn in die Wege leitet.

Dabei können wir unseren Körper mit der Atemkontrolle helfen. Tiefes Ein- und Ausatmen hilft dabei schon ungemein und fördert zudem auch noch die Denkleistung.

„HSP ist wie das Eisschollentauchen. Man muss nur darauf achten, zwischen den Schollen genügend Luft zu holen." -Hochsensible Person

Eine besondere Methode ist die Bauchatmung. Hierfür legen Sie Ihre Hand auf Ihren Bauch. Konzentrieren Sie sich ganz und gar auf das dabei entstehende Gefühl. Beachten Sie, dass Sie gleichmäßig in den Bauch atmen. Auch wenn der Bauch dann zu einer Murmel wird und Ihnen damit Ihre Figur für einen Moment versaut – es lohnt sich. Atmen Sie tief durch die Nase ein. Nehmen Sie ganz bewusst wahr, wie sich Ihre Hand mit dem Bauch zusammen aufwärtsbewegt. Atmen Sie so tief, wie es angenehm für Sie ist, ein. Dann atmen Sie, ebenfalls durch die Nase, wieder ganz behutsam aus. Erfühlen Sie, wie sich Ihre Hand mit Ihrem Bauch zusammen wieder absenkt. Diese Übung sollten Sie mehrmals hintereinander wiederholen.

Eine weitere Technik ist die „4-6-8 Methode". Dabei wird der Blutdruck gesenkt und dem Körper fällt es viel leichter, in einen Zustand der Entspannung umzuschalten. Atmen Sie durch die Nase ein und zählen Sie währenddessen langsam bis 4. Dann halten Sie die Luft an und zählen langsam bis 6. Danach, Sie ahnen es sicher, atmen Sie langsam aus und zählen dabei bis 8. Diese Übung sollten Sie mindestens 5- bis 10-mal wiederholen.

Eine weitere Übung ist das „Stoßweise Ausatmen". Mit dieser Technik kann man sehr gut gegen Wut und Ärger ankämpfen. Legen Sie eine Hand auf den Bauch und die andere Hand auf die Brust. Atmen Sie nun tief ein und zählen Sie dabei bis 5. Atmen Sie dann 5-mal stoßweise aus. Diese Übung wiederholen Sie dann 5- bis 10-mal.

Regelmäßige Atemübungen fördern zudem die Achtsamkeit für die eigene Person, da Sie sich bewusst um Ihren Körper kümmern. Eigenachtsamkeit spielt in jeglicher Hinsicht eine überaus große Rolle, vor allem für hochsensible Personen. Die Atemübungen eignen sich bestens für die Umsetzung im Alltag. Auch wenn diese nicht unbedingt unauffällig sind, so haben sie dennoch einen überaus positiven Effekt auf Körper und Seele.

SICH SELBST GUT ZUREDEN

Manchmal kann es auch sehr hilfreich sein, sich selbst in Gedanken oder auch einfach mal laut hin gut zuzureden. Es mag Ihnen im ersten Moment etwas seltsam vorkommen, mit sich selbst zu reden, aber Sie sind die beste Person für diesen Job. Sie wissen einfach am besten, was Sie persönlich anspornt und nur Sie selbst können einschätzen, wann Sie den guten Zuspruch auch wirklich nötig haben. Reden Sie einfach frei heraus und versuchen Sie dabei, sich selbst nur Positives zu sagen.

Und wenn Sie schon dabei sind: Lassen Sie sich gern noch ein paar Komplimente zukommen. Wenn Sie wirklich die Möglichkeit haben, etwas lauter mit sich selbst zu reden, dann hat das den großen Vorteil, dass Sie sich selbst als Hauptakteur wahrnehmen und sich Ihr Fokus dahingehend verschiebt. Reden Sie vielleicht einfach von Ihrer Pause, die Sie gleich haben und berichten Sie sich selbst, was Sie in der Pause dann Schönes machen werden. Sie könnten sich auch einfach vor Augen halten, wie ein abgeschlossenes Projekt am Ende aussehen wird.

BEWUSSTE WAHRNEHMUNG

Diese Übung beschreibt das bewusste Wahrnehmen von Tatsachen, Begebenheiten und Sinneseindrücken, die um Sie herum gerade ablaufen. Halten Sie inne und realisieren Sie, welche eingehenden Reize jetzt gerade wichtig sind und welche vielleicht eher unwichtig sind. Versuchen Sie die Gedanken, die momentan nicht benötigt werden, auf einen späteren Zeitpunkt zu verschieben und nutzen Sie den Fokus, um sich voll auf Ihre momentane Situation zu konzentrieren. Mit etwas Übung geht das irgendwann ganz leicht und Gedanken wie beispielsweise an die bevorstehende Arbeit sollten einem schönen Abend nicht mehr im Wege stehen. Seien Sie sich stets bewusst, was Sie gerade tun und was als Nächstes zu tun ist, ohne zu weit in die Zukunft zu blicken. Auch die ständigen Gedanken an die Vergangenheit belasten die Emotionen, reizen so Ihre Sinneswahr–nehmung und erhöhen am Ende den Stresslevel.

REGELMÄßIGE PAUSEN

Man sollte sich zwischendurch immer mal wieder kleine Pausen gönnen. So einfach das auch klingen mag, so schwer fällt es doch manchmal, sich wirklich für kurze Zeit zurückzuziehen. Jedoch kann schon die kleinste Pause eine große Wirkung erzielen. Der Trick ist, sich nicht ablenken zu lassen und sich auch nicht selbst abzulenken.

Man darf gern etwas essen oder trinken, aber man sollte sich auf jeden Fall vom Handy oder anderen Medien fernhalten. Auch wenn man Spaß am Chatten hat, Körper und vor allem Verstand haben dabei kaum Gelegenheit, sich zu regenerieren. Setzen Sie sich abseits von allen anderen hin und genießen Sie – wenn möglich – die Stille oder auch gedämmtes Licht. Versuchen Sie sich so vielen Reizen wie nur möglich zu entziehen. Schieben Sie in diesen Minuten, die nur Ihnen gehören, alle Gedanken beiseite. Sie sollten auch auf Musik verzichten – es wird andere Gelegenheiten geben, Ihre Lieblingssongs zu hören. Auch sollten Sie lernen, wann Ihre Pause wieder vorbei sein darf.

Ein zu frühes Beenden eben dieser Auszeit kann auch für Stress sorgen. Der beste Zeitpunkt, um sich wieder der Außenwelt zuzuwenden ist, wenn Ihnen so langsam langweilig wird und Sie Ihre Gedanken an wichtige Dinge nicht mehr beiseiteschieben können. Dann ist das Gehirn nämlich wieder aufnahmefähig und bereit zum Arbeiten.

DIE KRAFT DER NATUR

In der Natur zu sein hat ja bekanntlich beinahe magische Kräfte. So sagt es zumindest der Volksmund. Und auch wenn Magie wohl eher weniger dazu beiträgt, so stimmt es doch, dass der Grad der Erholung in der Natur meistens um einiges höher ist. Das liegt daran, dass wir dort so richtig abschalten können, ohne nervige Medien und lautes Autobrummen. Oder anders gesagt: Eben ohne die Dinge, die uns in der modernen Welt nun einmal so belasten.

Natürlich kann kein Mensch bei den kleinsten Anzeichen von Überreizung direkt in den nächsten Wald fahren – dafür sind wir in der heutigen Zeit viel zu verplant. Jedoch kann man durchaus diese uralte Angewohnheit der Menschheit, sich in freier Natur wohlzufühlen, nutzen. Es stehen beinahe überall Bäume und andere Pflanzen. Der Himmel ist immer für fast jeden von uns sichtbar und auch die Mutter–

erde kann man hier und da erblicken. Wenn man sich darauf einlässt, kann man sich durchaus in die Krone eines Baumes oder den kreativ geformten Wolken am Himmel verlieren, ohne dass man sich weit bewegen muss. Ganz klar – nichts ist so wohltuend wie ein echter Waldspaziergang, jedoch hat nicht jeder von uns die Möglichkeit, diesen einfach mal so zu unternehmen, denn nicht überall ist der nächste Wald direkt um die Ecke.

Gerade hochsensible Personen können sehr von Zeit in der Natur profitieren, denn genau wie sie den Stress und andere negative Emotionen wahrnehmen, so wirken auch die angenehmen Dinge gleich doppelt so schön. Liebe, Freundschaft, Ruhe, Freude und Erfolg sind Erfahrungen, die jeder einzelne von uns verdient.

DREAM AWAY – DIE KRAFT DES DAVONTRÄUMENS

Alternativ zur Kraft der realen Natur kann man auch versuchen, sich einen Ruheort in Gedanken zu erschaffen. Einen Ort nur für sich selbst, den Sie durch das bloße Schließen Ihrer Augen jederzeit erreichen können. Vielleicht gelangen Sie auch durch einen kurzen, meditativen Zustand dorthin. Wenn diese Praxis auch recht auffällig ist und sich im Alltag schwer einbauen lässt, so kann der Erfolg jedoch recht hoch sein und überzeugen. Versuchen Sie sich Ihren Ort nach Ihren Vorstellungen zu erzeugen. Sie müssen ihn beinahe berühren können. Schließen Sie zu diesem Zweck für die Augen und setzen Sie idealerweise Kopfhörer mit leiser Entspannungsmusik auf oder begeben Sie sich an einen ruhigen Ort.

Sie sollten sich sicher fühlen und allein sein. Konzentrieren Sie sich auf Ihren Ort und stellen Sie sich vor, wie Sie an Ihrem Ort herumspazieren, wie Sie Dinge darin berühren. So in etwa könnte ein Traumort aussehen, an den Sie sich durch eine mentale Reise begeben können: Sie könnten sich zum Beispiel eine Lichtung in einem Wald vorstellen. Mit Gras, das schön grün ist und mit wunderschönen Laubbäumen rings um die Lichtung herum. Auf dem höchsten Punkt der Lichtung liegt vielleicht ein kleiner Fels, der zum Hinsetzen einlädt. Und wenn Sie dann Platz nehmen, offenbart sich Ihnen eine Aussicht auf ein Tal, das unterhalb Ihrer Lichtung liegt. Ein Fluss schlängelt sich dort entlang und ein kleiner Ort schmiegt sich sanft an den Fuß des Berges.

Praxistipps für den entspannten Alltag

MEDITATION

Meditation ist eine Form des mentalen Trainings und dient der Erweiterung des Bewusstseins und der Stärkung von psychischen und emotionalen Fähigkeiten. Die Palette der Meditationstechniken ist unfassbar groß und je nachdem, wen Sie danach fragen, werden Sie die unterschiedlichsten Empfehlungen erhalten. Wir halten uns daher an dieser Stelle nicht zu lange mit der Frage auf, welches die beste Technik ist, sondern wollen uns das Thema nur einmal in aller Kürze anschauen. Wissenschaftlich betrachtet ist die Meditation eine umstrittene Technik, da sich die nötigen

Messdaten sehr schwer erheben lassen und es wenige vertrauenswürdige und aussagekräftige Studien gibt. Eine Wirkung sei grundsätzlich gegeben, doch ob diese direkt von der Meditation stammt oder einfach dadurch entsteht, weil man sich übertrieben gesagt nur eine halbe Stunde lang ausgeruht hat, kann niemand mit Sicherheit sagen. Aber im Zusammenhang mit der Hochsensibilität interessiert uns sowieso nur, dass es hilft.

Ein positiver Effekt, den die Meditation mit sich bringt, ist eine bessere Konzentrationsfähigkeit im Alltag. Also kann man Meditationstechniken durchaus nutzen, um sich sowohl auf den Alltagsstress als auch auf besondere Ereignisse vorzubereiten. Außerdem kann das regelmäßige Meditieren für ein geringeres Stressempfinden und für eine ausgeglichenere Emotionalität sorgen. Diese Eigenschaften sind gerade für HSP äußerst interessant und wichtig.

Natürlich gibt es wie bereits erwähnt unzählige Arten, Unterarten und Techniken, die verschiedenen religiösen und kulturellen Ursprüngen entstammen. Wenn Sie diesbezüglich noch mehr erfahren möchten, dann werfen Sie doch mal einen Blick in die einschlägige Fachliteratur. Es gibt eine Vielzahl an

Ratgebern, die sich mit dieser Thematik eingehend beschäftigen.

Für Anfänger empfiehlt sich grundsätzlich die Art der „geführten Meditation". Bei dieser Technik werden Sie durch verschiedene Träume, Erlebnisse und Fantasien geleitet. Dies geschieht dann mithilfe eines anderen Mediums, zumeist durch eine andere Person. Sie müssen sich also nur darauf einlassen. Es ist auch nicht zwingend erforderlich, dass Sie dafür einen Kurs besuchen und kilometerweit reisen. Im Internet gibt es zahlreiche Videos, die mit Musik, verschiedenen Klängen und einer guten Meditationsführung aufwarten können. Bis man schließlich „den Dreh raushat" und sich allein in einen meditativen Zustand versetzen kann, sollte man sich also zunächst an diesen Übungen versuchen.

Eine Meditationsübung, die vor allem für hochsensible Personen sehr gut geeignet ist, ist die aus dem Hinduismus stammende fokussierte Meditation. Bei dieser geht es darum, sich auf einen einzigen Reiz zu konzentrieren, ohne die Gedanken dabei umherwandern zu lassen. Auch wenn das sehr einfach klingt, verlangt es durchaus etwas Übung. Ein hohes Maß an Konzentration aufrecht zu erhalten, ohne sich dabei ablenken zu lassen, ist nicht leicht. Und genau darum geht es ja bei der Meditation im Allgemeinen, diese Form der Entspannung hat auch immer etwas mit Disziplin und Willenskraft zutun. Volle Konzentration und Aufmerksamkeit, ohne sich von anderen Reizen manipulieren zu lassen – das ist mit Sicherheit eine Fähigkeit, die sich so manche HSP gerne aneignet. Sie können sich auf viele Dinge fokussieren, zum Beispiel auf ein Bild, auf Ihren Atem oder auf die Schwere Ihrer Arme. Wichtig ist dabei nur, dass Sie Ihren Fokus dann für einen von Ihnen selbst bestimmten Zeitraum aufrechterhalten.

Häufigster Gegenstand in wissenschaftlichen Untersuchungen ist wohl die Technik der „Achtsamkeitsmeditation", die buddhistischen Ursprungs ist. Bei dieser Übung geht es ebenfalls darum, sich ganz bewusst, aber distanziert auf alle Gedanken und Emotionen einzulassen, ohne diese bewerten zu wollen. Wenn Sie es schaffen, Ihre Auslöser für Stress und negative Emotionen unbewertet zu betrachten und sie auf diese Weise auch ein wenig kontrollieren zu können, dürfte das beim späteren Umgang mit diesen Dingen eine große Hilfe sein. Als Anfänger sollte man sich aber zunächst erst mal ausgiebiger mit dem Thema beschäftigen und die „geführte Meditation" bevorzugen. Kein Mensch kann und wird es schaffen, sich einfach hinzusetzen und eine Stunde zu meditieren. Dazu gehören Ruhe, Zeit, Übung und Vorbereitung. Und sollten Sie jetzt überlegen, ob Meditation wirklich etwas für Sie ist, dann bedenken Sie: Das Ergebnis ist beinahe unschlagbar, weshalb Sie diese Methode auch nicht sofort ausschließen sollten.

DINGE ERLEDIGEN: DIE „TO-DO-LISTE"

Der Teufel liegt im Detail. Kleinigkeiten, über die ein normalsensibler Mensch vielleicht einfach hinwegsieht, beschäftigen eine hochsensible Person dafür umso mehr. Die Rede ist von den kleinen, unerledigten Dingen, die immer irgendwo in den Gedanken umherschwirren und sich einfach nicht unterdrücken lassen. Nun – man kann sich diesbezüglich ganz leicht Abhilfe verschaffen, indem man versucht, so wenige Dinge wie nur möglich unerledigt lässt. Ich weiß: Das ist leichter gesagt als getan.

Etwas Abhilfe schaffen können Sie in diesem Zusammenhang, indem Sie damit beginnen, Ihren Tag besser zu organisieren, um auf diese Weise Ihren Gesamtüberblick zu optimieren. Wie sagt man so schön: „Wer schreibt, der bleibt." Daher empfehle ich Ihnen: Schreiben Sie sich alle möglichen Dinge auf. Am besten nutzen Sie zu diesem Zweck kostenlose Apps, wenn Sie ein Smartphone oder Tablet besitzen. Die integrierte Erinnerungsfunktion kann dafür sorgen, dass Sie keine Gedanken mehr an kleine Dinge wie „Aufräumen", „Einkaufen", „Bohrmaschine holen" oder „Mama zum Geburtstag gratulieren" aufbringen müssen, bis es dann tatsächlich soweit ist. Ihr Kopf wird freier, da sich Ihr Gehirn all das nicht mehr merken muss.

Falls Sie ab und an mal den Überblick verlieren sollten, ist ein gut durchdachtes Zeitmanagement ebenfalls sehr wichtig. Auf welche Art und Weise Sie sich einen Überblick verschaffen liegt dabei ganz bei Ihnen und sollte an Ihre Bedürfnisse angepasst sein. Eine gute Methode ist es, sich einzelne Kategorien zuzulegen (wie zum Beispiel für den aktuellen Tag) und außerdem eine Übersicht für Dinge, die allgemein erledigt werden müssen, zu erstellen. Wenn Sie möchten, dann legen Sie zusätzlich den Bereich „Meilensteine im Leben" fest, der Ihnen darstellt und aufzeigt, wo Ihre Reise im Moment hingeht. Dies könnte folgendermaßen aussehen: Wenn Ihr übergeordnetes Ziel beispielsweise „Führerschein machen" lautet, dann notieren Sie dieses und listen dann die einzelnen Punkte, die dafür erledigt werden müssen, auf. In unserem Beispiel könnten diese „Praxisstunde Autobahn absolvieren" und „Theorieprüfung bestehen" lauten. So haben Sie immer einen Plan in der Tasche, sozusagen einen schnellen Überblick zum Nachlesen, der Ihnen hilft, wenn Sie überfordert sind und vielleicht nicht wissen, was Sie tun sollen.

EIN ENTSPANNUNGSBAD NEHMEN

Bei einem schönen Entspannungsbad wird nicht nur den Körper, sondern auch die Seele gereinigt. Der Vorteil daran ist eindeutig, dass man eigentlich nur seine tägliche Körperhygiene ein wenig abändern muss. Gehen Sie nicht einfach nur schnell zwischendurch duschen oder baden. Dehnen Sie diesen Vorgang aus und genießen Sie ihn. Nehmen Sie sich die Zeit dafür, um das Badezimmer als neuer Mensch zu verlassen. So witzig das auch klingen mag – es ist mein voller Ernst. Sich richtig viel Zeit für sich selbst zu nehmen ist ein wichtiger Bestandteil der Achtsamkeit. Und außerdem wirkt so ein wohltuendes Entspannungsbad eben auch beruhigend und erholsam. Und das ist für hochsensible Menschen, die andauernd großem Stress ausgesetzt sind, gleich ein doppelter Erfolg. Für ein solches Bad gibt es keine generelle Anleitung, die ich Ihnen hier jetzt präsentieren könnte. Machen Sie es sich einfach so angenehm wie möglich. Vielleicht wollen Sie sich ein paar Kerzen aufstellen und das Licht dimmen. Oder vielleicht baden Sie ja auch gern ganz im Dunkeln? Kleiner Tipp: Taschenlampe nicht vergessen. Lauschen Sie den angenehmen Klängen des Wassers oder hören Sie Ihre Lieblingsmusik. Vielleicht nicht unbedingt Hardrock, es sei denn, es entspannt Sie wirklich. Ich denke, Sie verstehen schon, was gemeint ist. Es ist nur wichtig, dass Sie ihren Stress loslassen und Energie tanken können.

Lassen Sie, solange Sie im Wasser sind, alle Gedanken los. Es darf Sie nichts und niemand stören, auch nicht die Sorgen und Ängste, die Sie vielleicht haben. Sie könnten auch versuchen, Ihren Stress und Ihre Sorgen auf den Schaum zu übertragen, den Sie dann einfach abwaschen können. Dieser Vorgang nennt sich Visualisierung und kann auch bei anderen Tätigkeiten sehr hilfreich sein.

Für das Entspannungsbad muss man sich Zeit und Ruhe verschaffen. Es bringt nicht viel, wenn dauernd ein Anruf ankommt, weil Sie Ihr Handy in Funktion einer Taschenlampe mitgenommen haben und dieser Quälgeist namens Smartphone nun in Ihrem Entspannungsbereich liegt. Nun – wie bei fast allen Entspannungsübungen bedarf es eben auch hier etwas Vorbereitung. Sie könnten zum Beispiel Ihr Handy lautlos stellen oder gleich in einem anderen Raum liegen lassen. Außerdem könnten Sie Ihren Partner bitten, dass er solange auf die Kinder aufpasst. Und auch Ihren Kindern dürfen Sie ruhig sagen, dass Sie diese eine Stunde jetzt mal für sich benötigen.

EMPATHIE ZULASSEN

Trotz vieler Enttäuschungen, die uns immer wieder begegnen, sollten Sie, so oft es ihr Gemüt zulässt, versuchen, nett und freundlich zu anderen zu sein. Seien Sie nicht böse, wenn andere Personen Ihre Freundlichkeit nicht erwidern. Manche Menschen sind einfach so. Seien Sie einfach dankbar für diesen einen Menschen, der Ihre gezeigten Emotionen spiegelt und freundlich zu Ihnen ist. Schaffen Sie es, sich dieser Herzlichkeiten zu erfreuen, dann wird Ihnen das dabei helfen, auf Menschen zuzugehen. Je häufiger Sie dies tun, desto öfter kommt der positive Effekt dann auch zustande und daraus kann sich durchaus eine Aufwärtsspirale entwickeln.

Machen Sie nur nicht den Fehler, als empathische Person andere Mitmenschen schlecht behandeln zu wollen, weil diese das Ihnen gegenüber auch so machen. Mal abgesehen davon, dass Sie sich selbst keinen Gefallen tun, wenn jemand böse auf Sie ist, wird sich auch Ihr Gewissen irgendwann melden und Ihnen Unbehagen bereiten. Sie sollten immer Sie selbst bleiben und nicht jemand anderen imitieren. Auf Dauer wird damit niemand glücklich.

SICH SELBST AKZEPTIEREN

Dies ist womöglich der wichtigste Punkt in unserer Liste. Sich selbst zu akzeptieren ist so fundamental und wichtig. Wenn wir uns selbst keine Akzeptanz entgegenbringen können, dann ergibt alles andere kaum einen Sinn. Es gibt doch immer etwas auszusetzen – das kennen Sie sicher auch.

Am frühen Morgen haben Sie vielleicht vergessen, den Kindern die Pausenbrote mitzugeben. Zum Mittag erinnert Ihr Chef Sie vielleicht zum dritten Mal an die fehlenden Unterlagen und am Abend haben Sie keine Energie mehr, um sich mit Ihrem Partner zu befassen.

„Das Versagen ist ein wichtiger Teil des Menschseins." -Unbekannter Philosoph

„Was? Sie sind nicht perfekt? Ach du Schreck!" Mit diesen ironischen Worten würde ich Ihnen vermutlich begegnen. Sie wissen genauso gut wie ich, dass es kein einziges Lebewesen auf der Welt gibt, dass alle anderen Lebewesen als „perfekt" bezeichnen würden. Perfektionismus kann immer nur aus einem Blickwinkel gesehen werden, aus mehreren Blickwinkeln existiert er einfach nicht.

Machen Sie Fehler und verzeihen Sie sich diese. Seien Sie nur die beste Version von sich selbst, nicht mehr und nicht weniger. Sie haben Träume und auch Wünsche, das dürfen Sie und das sollen Sie sogar. Lassen Sie Ihre Selbstzweifel sein, diese behindern Sie bestenfalls nur.

Akzeptieren Sie Ihre Vergangenheit als das, was sie ist: als unabänderbar und als ein Teil Ihres Lebens. Nehmen Sie lieber Ihre Zukunft in die Hand und streben Sie nach allem, was möglich ist (aber bitte stressfrei).

BLEIBEN SIE HOCHSENSIBEL

Hochsensibel zu sein bedeutet nicht zwangsläufig, unter Dauerstress zu leiden. Man muss sich nicht zwingen, mit einer Last zu leben und ist auch nicht krank. Das Gegenteil ist nämlich der Fall. Hochsensibel zu sein ist vermutlich das Beste, was Ihnen passieren konnte. Denn auch wenn Sie durchaus lernen müssen, mit den Nachteilen der Hochsensibilität zurechtzukommen, können und sollten Sie auch lernen, mit den Vorteilen zu leben. Sie als HSP haben nämlich einige unglaubliche Fähigkeiten.

Sie können Kunst und Natur aus einer einzigartigen Perspektive betrachten. Ihnen bleiben Gänsehautmomente nicht lange verwehrt, denn Ihre Gefühle und Emotionen sind so sehr geschult wie nach einem Drill auf einer U.S. Militärakademie. Sie sind unglaublich mutig, weil Sie sich Ihren Ängsten viel häufiger stellen. Sie können emotionale Tiefen und

Höhen viel besser wahrnehmen. Davon können viele Ihrer Mitmenschen nur träumen. Die Liebe spüren Sie immer für zwei. Zudem haben auch Sie wie die meisten hochsensiblen Personen vermutlich eine besondere, ausgeprägte Fähigkeit: beispielsweise das Hören mehrerer Tonlagen, das Schmecken feinster Nuancen oder das Riechen von noch so kleinen Unterschieden. Wenn dies auch kaum echte Vorteile bringt, es macht die Einzigartigkeit Ihrer Person greifbar und beweisbar. Es ist schon fast realistisch zu sagen, dass HSP eine Superkraft wie in den Comics ist. Die Superkraft des Fühlens. Stress ist Ihr Kryptonit, aber sonst ist doch alles bestens.

Falls Sie nicht genau wissen, was ich damit meine, dann sollten Sie dringend nach Ihren persönlichen Emotionshöhen Ausschau halten. Dies könnte Musik sein, Kunst und Film oder die Natur. Vielleicht sind es auch Erlebnisse, von denen Sie sich bisher eher ferngehalten haben. Sie sind so einzigartig, dass es schon fast an Egoismus grenzt, dies nicht für die Welt einzusetzen. Aber stopp, denn zuerst kommen Sie, dann Ihre Familie und dann retten wir die Welt.

Kinder und HSP

Das Wichtigste, dass man bei Kindern mit einer hochsensiblen Persönlichkeit beachten sollte, ist deren leichte Beeinflussung durch ihre Umwelt. Für Eltern von hochsensiblen Kindern ist es daher gut zu wissen, wie ihre Kinder auf Reize reagieren und wann es nötig ist, besonders rücksichtsvoll zu sein, denn auch eine überbehütete Erziehung ist in diesem Zusammenhang nicht der richtige Weg. Hochsensible Eltern von normalsensiblen Kindern hingegen müssen unbedingt ihre Prioritäten setzen, damit das Kind nicht zu kurz kommt.

KINDER MIT EINER HSP

Ich möchte Ihnen gerne von Hanna erzählen. Hanna ist 6 Jahre alt und hochsensibel, was ihre Eltern leider noch nicht bemerkt haben. Das ist natürlich nicht gleich die Schuld der Eltern. Die meisten Auffälligkeiten, die sie in der Vergangenheit an ihrem Kind beobachtet haben, konnten sie sich einfach auf andere Weise erklären. Hanna ist vor Kurzem in die Schule gekommen. Dies wurde in der Familie natürlich ganz groß gefeiert, denn ein neuer Abschnitt in Hannas Leben hat begonnen. Hanna ist ganz stolz darauf, dass sie jetzt schon so groß ist und sehr glücklich, dass auch ihre Eltern so stolz auf sie sind. Was Hanna und ihre Eltern noch nicht ahnen sind die Probleme, die sie am Montagmorgen erwarten.

Es ist 05:30 Uhr am Montagmorgen, der Wecker von Hannas Mama klingelt. Hannas Papa hat Nachtschicht und ist noch gar nicht von seiner Arbeit zurück. Um 05:45 Uhr wird Hanna von ihrer Mama geweckt, eine Stunde früher als sonst. Beim Anziehen wird Hanna aus unerfindlichen Gründen extrem quengelig. Sie macht sich bereits ihre Gedanken um das, was sie alles in der neuen Schule erwarten wird und hat etwas Angst. Ihre Mama, die von den Sorgen ihrer Tochter nichts weiter mitbekommt, macht ihr ein Brot mit ihrer Lieblingswurst darauf. Hanna mag das harte Brot von gestern nicht, denn die Kanten tun beim Kauen weh. Sie sagt: „Mama, ich will das Brot nicht essen". Hannas Mama erwidert: „Das ist doch deine Lieblingswurst, die isst du sonst auch, also iss mal schnell auf". Nach einigem hin und her hat sich Hanna das halbe Brot in den Mund gestopft. Als Hannas Mama den Teller abräumt, kann Hanna sehen, dass ihre Mama die Augen verdreht.

Sie fragt sich, was sie wohl falsch gemacht hat und fragt: „Mama bist du böse?" „Nee!", entgegnet Hannas Mama im genervten Ton, denn sie ist schon spät dran. Es ist 06:30 Uhr und die beiden ziehen sich hastig an. Hannas Stresslevel ist schon in einem erhöhten Bereich, doch sie versucht es ihrer Mama leicht zu machen. Die neuen Schuhe drücken ganz fürchterlich, das bemerkt sie aber erst auf halbem Weg zur Schule. Sie sagt: „Mama, ich habe was im Schuh, das tut weh!". Hannas Mamma kniet sich auf den nassen Boden und sieht nach. Sie sagt: „Da ist nichts, nun komm, wir müssen uns beeilen. Lauf mal etwas schneller!" Hanna erträgt die Schmerzen kaum noch, die ihr die Schuhe bereiten, aber noch schlimmer ist, dass niemand etwas dagegen tut und es nicht einmal ihre Mama versteht. Hanna beginnt zu weinen und zu schreien. Ihre Mama, schon selbst vollkommen durchgestresst, fängt an zu schimpfen. Hanna ist völlig überfordert und kann keinen klaren Gedanken mehr fassen. Ihr Gehirn trifft keine überlegten Entscheidungen mehr und versucht durch die Umleitung der Nervenbahnen, wie wir es im Kapitel über Stress bereits gelernt haben, auf das zurückzugreifen, was in der Vergangenheit am besten geholfen hat. Das ist Bocken, Weinen und mit den Fäusten auf den Boden schlagen.

Kinder, die eine hochsensible Persönlichkeit haben, können ebenso wie Erwachsene durch Reizüberflutung schnell überfordert werden. Kinder mit HSP brauchen oftmals länger und sind meist sehr ängstlich. Erfolglosigkeit wird im Gehirn fester verankert als bei normal sensiblen Kindern und fördert dadurch große Unsicherheiten. Das Kind kann schon sehr früh in einen Zustand geraten, in dem es sich kaum noch Dinge zutraut.

Das kann auch an einer negativen Vergleichswahrnehmung liegen. Wenn ein Kind oft mit anderen verglichen wird, nimmt es seine eigenen Emo–

tionen und Lernprozesse nicht mehr für wahr und vertraut diesen nicht mehr. Vielleicht versucht es sogar nur noch, die Emotionen von anderen Kindern zu spiegeln, um so „normal" wie möglich zu wirken.

„Das Vergleichen ist das Ende des Glücks und der Anfang der Unzufriedenheit"
-Unbekannter Pädagoge

Hinzu kommt noch ein gewisses Maß an Erziehungsstress, dem Kinder beinahe täglich und stündlich ausgesetzt sind. Hochsensible Kinder machen sich einfach sehr viele Gedanken darum, was, warum, wann und wie geschieht. Das werden die Eltern kaum wahrnehmen können, selbst wenn sie wollten, da die Kinder oft sehr introvertiert, also in sich gekehrt sind. Das heißt nicht immer, dass sie dann nachdenklich in einer Ecke sitzen. Ganz im Gegenteil – sie können nach außen hin so wirken, als wäre alles in bester Ordnung.

Unsere Hanna könnte auf Dauer aus solchen Situationen schlussfolgern, dass sie mit dem Gefühl von Schmerzen meistens unrecht hat, obwohl das gar nicht der Fall ist. Dies kann zur Folge haben, dass sie deshalb ihre Schmerzen lieber unterdrücken und für sich behalten wird. Möglicherweise kann sich sogar eine Persönlichkeitsstörung daraus entwickeln. Zugegeben – das Beispiel ist hart dargestellt, aber Sie können sicher nachvollziehen, was gemeint ist. Wir als Menschen neigen nun dazu, der Mutter die Schuld geben zu wollen. Dabei hat Hanas Mama eigentlich nichts falsch gemacht. Sie hat das getan, was sie in der Erziehung gelernt hat und was ihre Erfahrungen sie gelehrt haben. Sie kann unmöglich wissen, dass ihr Kind eine etwas ruhigere Morgenroutine benötigt als das bei anderen Kindern in Hannas Alter vielleicht der Fall ist. Auf der Arbeit denkt Sie darüber nach, warum der Montagmorgen denn so schiefgelaufen ist. Zufällig liest sie in der Pause genau dieses Buch hier und wird feststellen, dass die Situation noch nicht verloren ist.

Eltern machen Fehler, denn auch deren Lernprozess ist noch lange nicht abgeschlossen und das ist auch gut so. Wichtig ist es dann, die richtigen Schlussfolgerungen zu ziehen und zu sehen, was man verbessern kann, um es dem Kind leichter zu machen. Und das ist auch nicht vollkommen un–eigennützig, denn ist das Kind erst mal glücklich, haben auch die Eltern allen Grund zum Glücklichsein.

Hochsensible Kinder sollten nicht in Watte gepackt werden, denn auch die überbehütete Behandlung ist für ein Kind in dessen Erziehung nicht förderlich. Natürlich macht es das sehr schwer, da Eltern sich nun sicher fragen: „Was soll ich denn nun machen und wann soll ich es machen?" Und bei dieser Frage liegt auch schon der Knackpunkt, denn eine allgemeine Erziehungs- und Verhaltenstechnik gibt es nicht. Versuchen Sie auf jeden Fall, die Hochsensibilität Ihres Kindes nicht in Schwarz oder Weiß zu sehen, sondern in einer ganz speziellen Graustufe.

Eine Graustufe, die nur Ihr Kind hat. Versuchen Sie sich nicht von Vergleichen wie: „Mein Kind kann das und das schon!" und „Was das hat Ihr Kind noch nie gemacht?" beirren zu lassen. Ihr Kind hat seine eigene Geschwindigkeit und eine ganz eigene und besondere Auffassung der Realität. Es benötigt Zeit zum Lernen und Zeit für Ruhepausen. Überfluten Sie ihr Kind nicht mit Entscheidungen, denn gerade HSP sind oftmals entscheidungsgehemmt. Das heißt, dass sie ihrem Bauchgefühl nicht so sehr trauen, weil sie damit oft anecken, obwohl es gar nicht falsch ist, beispielsweise wie bei Hanna und ihrem Schmerz-empfinden. Versuchen Sie nicht, gegen die Lernver-suche Ihres Kindes anzukämpfen, sondern Ihr Kind dabei zu begleiten.

Hanna hat zum Beispiel große Angst vor ihrem ersten Schultag, vor den vielen Eindrücken und den vielen neuen Kindern. Noch größer wird die Angst, weil sie das alles allein überstehen muss.

Ihre vergangenen Erfahrungen implizieren aber bereits, dass sie oft die Hilfe ihrer Eltern benötigt. Es ist nun durchaus möglich, dass sie an ihrem ersten Schultag gute Erfahrungen sammelt, wenn sie näm-lich mit allem ausreichend zurechtkommt, die Leh-rerin nett ist, die anderen Kinder freundlich und sie sich in der Schule zurechtfindet. Die Erfahrung kann aber auch negativ prägend sein, wenn die anderen Kinder vielleicht sehr forsch sind, die Lehrerin sich besser als Reinigungskraft geeignet hätte und Hanna sich in der Schule dreimal verlaufen hat. Erfahrun-gen sind wichtig und Hanna muss in ihrem Leben die guten und die schlechten Erfahrungen machen kön-nen, so wie jedes andere Kind auch.

Wenn sie Ihrem Kind bei solchen Dingen helfen wollen, dann zeigen Sie ihm, dass Sie da sind. Bleiben

Sie vielleicht länger und geben Sie Ihrem Kind somit die notwendige Sicherheit. Funktionieren Sie im Notfall wie eine rettende Festung, zu der Ihr Kind zurückkommen kann. Nichts, was Ihr Kind Ihnen erzählt, ist Blödsinn, hinter allem steckt etwas. Hören Sie aufmerksam zu und seien Sie sehr einfühlsam.

Am nächsten Morgen hat sich Hannas Mama vorgenommen, es ruhiger angehen zu lassen. Um 05:00 Uhr klingelt also der Wecker, Mama steht auf und macht sich in aller Ruhe fertig. Um 05:45 Uhr weckt sie die kleine Hanna ganz behutsam und ruhig. Hanna und ihre Mama wachen also an diesem Morgen beide in aller Ruhe auf. Nachdem Hanna sich fertiggemacht hat, frühstücken beide zusammen. Beim Anziehen erzählt Hanna ihrer Mama, dass die Schuhe wehtun und zieht dann ihre alten Schuhe an. Diese sind zwar nicht extra von Oma gekauft worden, um in die Schule zu gehen, aber sie passen besser und sind bequemer. Um 06:15 Uhr machen sich die beiden in aller Ruhe auf den Weg in die Schule. Auf dem Weg scherzen sie und beobachten auch einen Bagger für zwei, drei Minuten. Beide kommen gut gelaunt in der Schule an. Hannas Mama wartet noch, bis Hanna sich von allein zu ihren neuen

Klassenkameraden begibt, da aber die Zeit nun doch etwas drängt, macht sie ihr Mut, sich den anderen anzuschließen.

Was ist hier passiert? Durch die Rücksichtnahme der Mutter war natürlich auch Hanna viel besser gelaunt und das führte zu einem stressfreien Morgen für beide. Die einzige Person, die an dieser Stelle noch zu bemitleiden ist, ist der Papa, der anscheinend immer Nachtschicht hat. Ganz klar: Das Ende unserer Geschichte ist sehr vergünstigt dargestellt. In unserem Alltag gibt es selten die Möglichkeit, wirklich alles zwanzig Mal auszuprobieren, bis es bestens funktioniert. Sie sollten sich jedoch definitiv auf einen Lebensweg begeben, der genau dieses Ziel beinhaltet. Und ob das nun immer funktioniert oder nicht – schon allein der Versuch, es leichter zu machen, kann vom Kind aufgenommen werden. Vor allem hochsensible Kinder, die sehr emphatisch sind, merken das und erkennen das auch an.

KINDER VON EINER HSP

Hanna hat sehr schnell neue Freunde gefunden, darunter auch Cindy. Cindy wohnt mit ihrem Papa ganz allein. Bei ihnen lief der erste Schultag ähnlich, aber doch anders ab. Cindys Papa ist nämlich hochsensibel, wohingegen Cindy eine ganz normale Sensibilität besitzt.

Cindys Einschulung wurde im Kreis der Familie eher klein gefeiert, aber das machte dem Mädchen nichts aus, denn ihr Papa war dafür gut gelaunt. Er ist manchmal ganz schön verwirrt und gestresst und vergisst oft Sachen und Verabredungen, die er mit seiner Tochter abgemacht hat. Cindy weiß mittlerweile, dass sie ihm öfter einmal helfen muss, daran zu denken. Am Montagmorgen erwacht Cindys Papa zwei Minuten bevor der Wecker klingelt. Er steht sofort auf und stößt sich dabei seinen Fuß am Bett. Nach einer kurzen Triade an Fluchwörtern über das Schicksal und Gott macht er sich sofort auf den Weg, um seine Tochter zu wecken. Cindy steht also um 05:30 Uhr auf. Sie ist sehr müde und will ihre Ruhe haben. Zunächst einmal eine Schüssel Müsli machen und etwas fernsehen. So klappert sie mit den Schüsseln, die ihr schließlich hinunter auf den Boden krachen, während der Fernseher aus der Stube die überlaute Werbung durch die Wohnung schallen lässt. Cindys Papa versucht alles, um jetzt nicht die Nerven zu verlieren, doch er verlässt die Küche dann doch in hohem Tempo. Cindy sitzt derweil vor ihrer morgendlichen Lieblingssendung und knuspert ihr Müsli. Was sie nicht weiß, ist, dass ihr Papa während dessen auf seinem Bett sitzt und das Gesicht in den Händen vergräbt.

Er fragt sich, wie er das nur alles schaffen soll, doch noch bevor er wirklich darüber nachdenken kann, fällt ihm ein, dass er seine Tochter für die Schule fertigmachen muss. Er springt auf und hastet ins Wohnzimmer. „Hast du alles für die Schule gepackt, Cindy?", fragt er. „Ja, Papa", erwidert Cindy. „Hast du auch alle Hefter?", fragt er weiter. „Ja!", erwidert Cindy in genervtem Ton. Sie möchte doch nur in Ruhe ihre Serie schauen und dann macht sie sich fertig. Papa hetzt derweil durch die Wohnung und versucht anscheinend noch, den halben Haushalt zu machen. Als sich dann beide anziehen, bemerkt er, dass ihm noch die Dokumententasche fehlt. Wo ist sie denn bloß? Nach langem Suchen fällt ihm ein, dass diese noch im Auto liegt. Endlich fahren sie los.

Cindys Papa ist bereits nahe an seiner Grenze und der Stresslevel steigt im Verkehr weiter an. Cindy bemerkt, dass sie einen ihrer Hefter vergessen hat und teilt dies ihrem Papa mit. „Willst du mich verkohlen! Ich habe dich doch extra noch gefragt, ob du alles hast. Ich habe jetzt keine Zeit dafür, jetzt hast du eben Pech!". Cindy ist traurig, denn sie hat den Hefter ja nicht mit Absicht vergessen.

Als Papa vorhin danach fragte, hat sie auch gedacht, alles eingepackt zu haben. Sie wird sehr böse auf ihren Papa, der sie völlig zu Unrecht angeschnauzt hat. Cindys Papa merkt sofort, dass er was falsch gemacht hat. Gleich tut es ihm leid, dass er es ihr vorgeworfen hat und er entschuldigt sich bei ihr dafür. Er lässt Cindy mit einem finsteren Gefühl der Unwissenheit an der Schule raus und fährt zur Arbeit. Was ist hier passiert? Genau, Sie haben es sicher erkannt. Cindys Papa hat sich viel zu sehr stressen lassen. Aber was hätte er denn tun sollen? Cindy einfach gar nicht erst wecken? Oder selbst einfach liegen bleiben? Hätte er sich vielleicht gar nicht erst den Fuß stoßen dürfen? War das der Auslöser? Nein, nein und nein! Diesen oder einen ähnlichen Tagesbeginn erleben Millionen von Menschen jeden

Morgen und jeder reagiert darauf anders. Als HSP fällt es Cindys Papa besonders schwer, all diese Reize zu verarbeiten und am Ende, als alles zu viel wird, lässt er seinen Frust dann an seiner Tochter aus. Cindy aber weiß mittlerweile, dass ihr Papa nicht lange böse ist und sich bald entschuldigen wird. Sie braucht nur einen Moment beleidigt zu sein und schon kam er immer von ganz allein wieder an.

Was sich hier anbahnt ist ein gefährlicher Kreislauf, bei dem Papa immer wieder verliert. Im schlimmsten Fall interpretiert er seine eigene Tochter als Stressindikator und ändert ganz unbewusst den Umgang mit ihr. Aber die Evolution schützt uns im Normalfall davor, unsere Kinder als „Feind" zu betrachten. Auch diese Geschichte ist wieder sehr zugespitzt dargestellt, um zu versinnbildlichen, wie sehr der Alltag eine HSP belasten kann und wie ihre Kinder darauf reagieren könnten. Cindys Papa sollte sich für den Morgen besser durchorganisieren und für seine Tochter einige Regeln aufstellen. Er könnte auch mit ihr darüber reden und sie einbeziehen. Wenn Cindy weiß, dass ihr Vater schneller gestresst ist, dann kann sie versuchen, sich dem auch anzupassen.

Kurze Beiträge von anderen hochsensiblen Personen

Im letzten Abschnitt möchte ich Ihnen ein paar Beiträge zeigen, die Menschen mit HSP verfasst haben könnten. Auch wenn ihre Namen frei erfunden sind, finden Sie solche Aussagen immer wieder in Foren für hochsensible Menschen.

Jonas, 33 Jahre alt, HSP.
Ich bin erst vor Kurzem darauf gestoßen, dass es so etwas wie Hochsensibilität überhaupt gibt und das ich davon betroffen sein könnte. Nachdem ich mich

dann mehr damit beschäftigt habe, war mir sofort klar, dass ich hochsensibel bin. Es erklärt so viele Dinge in meinem Leben. Vor einigen Jahren hatte ich einen totalen Absturz, mein Leben verlief sowieso nicht so gut. Seit der 4. Klasse habe ich keinen Spaß mehr an der Schule gehabt, denn ich bin einfach nicht mehr mitgekommen. Ich dachte lange Zeit, ich sei einfach zu dumm dafür. Später merkte ich, dass ich damit falsch lag, aber es war zu spät. Die Schule verließ ich, nachdem ich 2-mal sitzen geblieben war, direkt nach der 8. Klasse.

Danach wurde es auch nicht besser. Ich verließ zwei verschiedene Ausbildungen kurz vor dem Ende, zeigte aber auch währenddessen keine besonders guten Leistungen. Im Anschluss fiel ich in ein Loch. Ich trank viel Alkohol und wusste nichts mehr mit meinem Leben anzufangen. Währenddessen verlor ich auch noch meinen Führerschein und stellte allgemein eine Menge Unsinn an. Auch die Geburten meiner 2 Kinder konnten das Feuer in mir nicht wieder entfachen. Nach 10 Jahren des Herumvegetierens und einem Aufenthalt in einer Klinik für Psychologie wegen einer falschen Borderline-Diagnose packte mich vor circa 2-3 Jahren dann doch die

Lust auf mehr Leben. Im Laufe meines Kampfes, mein Leben wieder in Ordnung zu bringen, stieß ich bei der Erforschung meiner eigenen Psychologie, dann auf das Thema HSP. Seither kann ich mich nicht nur damit identifizieren, auch meine eigenen Schlussfolgerungen und viel harte Arbeit an mir selbst haben aus mir etwas gemacht. Heute bin ich stellvertretender Bereichsleiter einer großen Filiale, lebe in einer traumhaften Wohnung und bin glücklich liiert. Meine Kinder sind oft bei mir zu Besuch und wir stehen ständig in Kontakt. In letzter Zeit habe ich mir noch ein Hobby gesucht. Ich weiß durchaus, dass ich noch viel schaffen und erreichen kann, aber ich werde immer Rücksicht auf mich nehmen und mir die nötigen Pausen gönnen.

Ramona, 38 Jahre alt, HSP.
Jeder braucht seine Zeit für sich. Heute habe ich mir eine Auszeit nur für mich genommen und unter dem ganzen Alltagsstress gar nicht bemerkt, wie sehr mir das gefehlt hat. Viel zu oft versinkt man im Alltag. Dabei sind die Momente für sich selbst so wichtig. Ich ging eine Runde spazieren durch den örtlichen Wald. Als ich an eine Lichtung ankam, brach die Sonne

durch die restlichen Äste über mir und die Licht-strahlen waren zu sehen. Ich bekam sofort eine Gän-sehaut am ganzen Körper. Mir liefen Tränen vor Glück über mein Gesicht. Dieser Moment war so ein-zigartig schön. Ich liebe es, HSP zu sein, wenn es auch manchmal ganz schön nerven kann.

Samantha, 17 Jahre alt, HSP.
Als ich 4 Jahre alt war, gingen wir mit der Familie einmal in den Zoo. Ich war ganz begeistert von den ganzen Tieren dort und schaute sie mir gespannt an. Wir gingen dann jedoch in das Streichelgehege, weil meine Eltern unbedingt ein Foto von mir auf einem Pony machen wollten. Dieses riesige Tier machte mir unheimliche Angst und ich quengelte und weinte. Meine Mama hielt mich fest und Papa schoss das Foto. Sie hielten mir noch Jahre später vor, was ich doch für ein Angsthase sei. Dies ist meine frühste Erinnerung, die ich habe. Auch wenn es meine Eltern nicht böse gemeint haben, prägten mich dieser Angstzustand und die Hilflosigkeit für mein ganzes Leben. Heute weiß ich, dass mich der enorme Stress und die Angst vor so etwas großem und Unbekann-tem nur so sehr erschreckt hat, weil ich hochsensibel

bin. Das Foto existiert im Übrigen noch immer und ich bekomme noch heute ein mieses Gefühl, wenn ich es im Fotoalbum sehe.

Marita, 42 Jahre alt, HSP.
Ich weiß glücklicherweise seit circa 3 Jahren von meiner vielfältigen Hochsensibilität. Mithilfe von viel Achtsamkeit komme ich üblicherweise sehr gut damit zurecht. Ich kann meine Empfindungen benennen und einordnen und mit meinen „Talenten" umgehen - meistens zumindest!

Ich war auch schon immer eine Naturfreundin. Egal ob die verschiedenen Jahreszeiten, der Mond oder Tieren – ich liebe den Umgang mit der Natur und bewundere sie sehr gern.

Diesen Herbst allerdings habe ich die Empfindung, dass mit den fallenden Blättern der Bäume so etwas wie ein Schleier von mir abfällt und mich fast bis zur emotionalen Nacktheit offenlegt. Es offenbaren sich mir all meine „Baustellen" und unschönen Strukturen, welche ich gern lösen oder ändern möchte. Grundsätzlich ist das ja recht hilfreich, aber es kommt unaufhaltsam und mit solcher Wucht auf mich zu, dass ich es kaum bändigen kann. Es scheint

mich zu überrollen. Ich ziehe mich zurück und be-
treibe viel Selbstfürsorge, was mir dabei hilft, nicht
so sehr davon mitgerissen zu werden. Trotzdem
bleiben die Traurigkeit und Schwere. Herrje, ich bin
ständig nah am Wasser gebaut!

Robert, 19 Jahre alt, Angehöriger einer HSP.
Ich wollte eigentlich mit meiner Freundin in den Ur-
laub fliegen, doch wie sich herausstellte, hat sie pa-
nische Angst vorm Fliegen. Also wird daraus nichts.
Wir haben schon sehr viel überlegt, was wir tun
könnten, um es ihr leichter zu machen, doch es hilft
einfach nichts. Sie ist hochsensibel und sieht ihre pa-
nische Angst vor dem Fliegen als eine große Schwäche an. Ich habe ihr ja vorgeschlagen, dass wir einfach woanders hinfahren, doch bei dem Thema
macht sie nur noch dicht. Wir können uns nicht mal
darüber unterhalten und das nervt irgendwie.

Sabrina, 35 Jahre alt, HSP.
Ich weiß gar nicht genau, seit wann ich von meiner
HSP weiß. Schon als Kind war ich eben immer "be-
sonders empfindlich" oder eine "Mimose". In meiner
Kindheit habe ich ein Entwicklungstrauma durch–

lebt, 2012 hatte ich die erste Panikattacke und seit 2016 sind diese ein fester Bestandteil meines Lebens. Ständiges „Zu-viele-Sorgen-Machen" oder „Zu-viel-Denken", genauso wie Überreizungen und Überflutungen haben mich dazu gezwungen, näher hinzuschauen und mich damit auseinanderzusetzen.

Heute weiß ich zwar um meine HSP, aber richtig gut damit umgehen kann ich noch nicht. Es fällt mir noch schwer, mich abzugrenzen oder eine Möglichkeit zu finden, mit Überreizungen und Überflutungen zurechtzukommen.

Dies sind einige sehr wenige Beispiele von Menschen mit einer HSP, die zeigen, wie sie als Betroffene damit umgehen.

Nun, zum Ende noch eines...

Was bleibt uns abschließend noch zu sagen? Wir haben herausgefunden, dass Hochsensibilität vermutlich mehr schöne als schlechte Seiten hat. Wir haben gelesen, dass mehr Menschen betroffen sind als wir vielleicht geglaubt haben. Ich selbst war bei meinen Recherchen zu diesem Buch auch sehr überrascht, wie viele hochsensible Personen absolut glücklich mit ihrer speziellen Eigenschaft sind, trotz der ganzen Schwierigkeiten, die sie dadurch haben. Es ist ein klares Muster erkennbar, dass sich das Leben für die meisten Betroffenen deutlich verbessert hat, nachdem sie sich als HSP identifizieren konnten und sich dadurch aus einem anderen Blickwinkel mehr mit sich selbst befasst haben. Es scheint eine wahre Erlösung zu sein, seinem etwas anderen Ich einen Namen geben zu können. Wenn Sie sich hier in diesem Buch auch wiedererkannt haben und sich hochsensibel nennen, dann möchte ich Sie dazu herzlich beglückwünschen.

Vielen geht es so, dass sie sich in den Erfahrungsberichten anderer wiedererkennen. Sie haben damit einen einmaligen Blick auf die Welt, den Sie sicher schon immer hatten, aber jetzt erst richtig einordnen können. Sie dürfen Ihre Chance dabei einfach nicht vertun, das Beste aus sich selbst zu machen. Es wird immer Menschen geben, vielleicht auch direkt in der Familie, die das nicht so gerne akzeptieren wollen. Lassen Sie sich von diesen Menschen nicht ins Gewissen reden und denken Sie daran, dass sich diese Personen vielleicht auch einfach bedroht fühlen, weil sie genau wissen, wie besonders Sie sind.

Herstellung und Verlag:

BoD – Books on Demand, Norderstedt

ISBN: 9783753443102